INGEBORG SCHINDLER

Frankfurt

Illustrierte Lieblingsorte

mein
NOtiZBUCH

Henrich Editionen

Einen (Schatz) muss man suchen, einen (Lieblingsort) finden... Illustrierte Lieblingsorte sind Orte, (Persönlichkeiten) (Oasen,) (Idylle,) (Ecken), (Räume), die man in Frankfurt findet...

Ingeborg Schindler

inhalt

01 innenstadt

1/elaine's deli /12
2/gutes aus milch /16
3/good times for good people /20
4/goose /24
5/mainnizza /28
6/tabak & pfeife holtz /32

02 westend

1/palmengarten /40
2/villa leonhardi /44
3/botanischer garten /46
4/grüneburgpark /48
5/alte kanzlei /52

03 nordend

1/HOPPENWORTH & PLOCH /60
2/Braustil /64
3/Fischhaus Ohrmann /68

04 sachsenhausen

1/Villa Kennedy /76
2/Anzant /80
3/Markt im Hof /84
4/Emma Metzler /88
5/Liebieghaus /94
6/Städel Museum /96

05 ost_west

1/Ponton Lilu /104
2/Lindenberg Hotel /108
3/Libertine Lindenberg /112
4/Skatepark Osthafen /116
5/Gerbermühle /120
6/Caffè due mani /124
7/Goetheturm /128

01 innens

1/ elaine's deli
2/ gutes aus milch
3/ good times for good people
4/ goose
5/ mainnizza
6/ tabak & pfeife holtz

adressen

1/
ELAINE'S DELI

Taunustor 1-3
60311 Frankfurt am Main
—
www.facebook.com/elainesdeli

2/
KÄSESTUBE – GUTES AUS MILCH

Schillerstrasse 30-40
60313 Frankfurt am Main
—
www.gutesausmilch.com

3/
GOOD TIMES FOR GOOD PEOPLE

Eschenheimer Tor 3
60318 Frankfurt am Main
—
facebook: GoodTimesForGoodPeople

4/
GOOSE

Ludwigstraße 10
60327 Frankfurt am Main
—
www.goose-ffm.de

5/
MAINNIZZA

Untermainkai 17
60329 Frankfurt am Main
—
www.mainnizza.de

6/
TABAK U. PFEIFE HOLTZ

Große Bockenheimer Str. 52
60313 Frankfurt am Main
—
www.tabak-holtz.com/

01 innenstadt

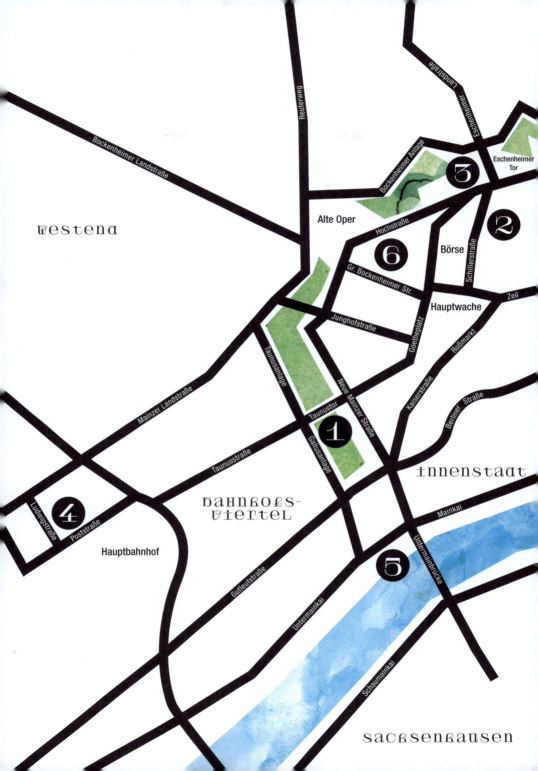

ELAINE'S DELI: Endlich eine moderne Location am Taunustor 1–3, direkt im MMK 2. Immer gut gelaunte und tiefenentspannte Gastgeber, hervorragende Musik, exzellenter Kaffee und Leckereien in Gläsern mit Schraubverschluss! *Ganz besonders zu empfehlen sind die Mittagssuppen und der unschlagbare Käsekuchen!* Was die Jungs von Elaine's Deli an Frankfurt schätzen: Multikulti, Vielfalt der Stadt und die Urbane Szene. Ein fabelhafter Ort mittendrin …

www.facebook.com/elainesdeli/

Käsestube
GUTES
AUS
MILC

Dony

KÄSESOMMELIER

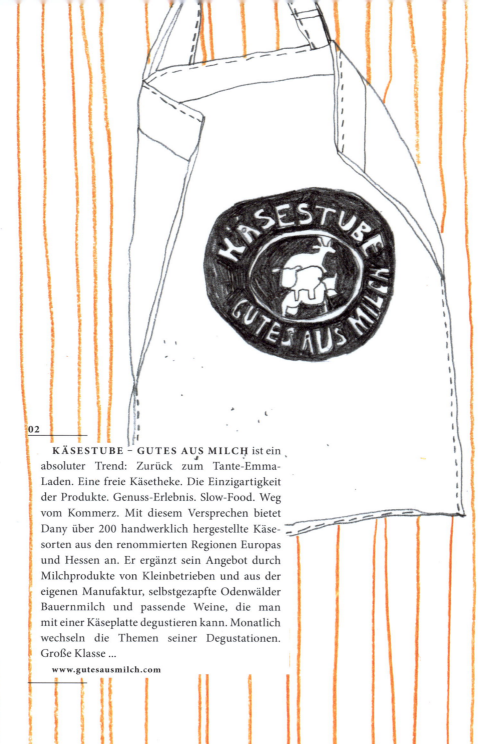

KÄSESTUBE – GUTES AUS MILCH ist ein absoluter Trend: Zurück zum Tante-Emma-Laden. Eine freie Käsetheke. Die Einzigartigkeit der Produkte. Genuss-Erlebnis. Slow-Food. Weg vom Kommerz. Mit diesem Versprechen bietet Dany über 200 handwerklich hergestellte Käsesorten aus den renommierten Regionen Europas und Hessen an. Er ergänzt sein Angebot durch Milchprodukte von Kleinbetrieben und aus der eigenen Manufaktur, selbstgezapfte Odenwälder Bauernmilch und passende Weine, die man mit einer Käseplatte degustieren kann. Monatlich wechseln die Themen seiner Degustationen. Große Klasse ...

www.gutesausmilch.com

good times for good people

03

GOOD TIMES FOR GOOD PEOPLE verspricht genau das: Ein wunderbar gemütlicher Ort zwischen Eschenheimer Tor und der Bockenheimer Anlage, wie ein zweites Wohnzimmer mit seinen selbstgezimmerten Sitzmöbeln, dazwischen eine Hobelbank, original Kinosesseln und herrlichen Olivenbäumen, aussergewöhnliche Cocktails mit Basilikum oder Orangenmarmelade, kreative Special Meals mit Pasta an Käse-Kokos-Zitronensoße mit frischem Gemüse und Koriander ...

facebook: GoodTimesForGoodPeople

GOOSE

04

GOOSE steht für DIE Gourmet-Waffel in Frankfurt und zählt offiziell zu den besten Foodtrucks Deutschlands: Die Kreationen von Gökhan Kaba und Patrik Bruch übertreffen alle belgischen Waffeln mit ihren einzigartigen und aussergewöhnlichen Toppings, die sie in ihrem Truck, einem 50 Jahre alten Citroën HY an unterschiedlichen Standorten verkaufen. Ob pikant (Spinatwaffel mit Rote-Bete-Mousse, gerösteten Pinienkernen, Spinat-Kräutersalat, lila Kartoffelchips und weißem Balsamico-Meerrettich-Dressing) oder süss (Zimtwaffel mit Honig-Quarkschaum, Karamellfeige und Schokobröseln), ein absoluter Genuss!

www.goose-ffm.de

AUBERGINEN-ZUCCHINI WAFFEL MIT GERÖSTETEM SESAM

MEIN LIEBLINGS-SCHNITZEL

05

DAS MAIN NIZZA ist einer meiner sonntäglichen Lieblingsplätze: Eine erstklassige Lage direkt am Main mit Blick auf das Museumsufer gegenüber, eine großzügige, offene Architektur kombiniert mit einem modernen Ambiente, wunderbar herzliche Gastgeber, ein aufmerksamer und zuvorkommender Service und *natürlich mein Lieblingsschnitzel mit Kartoffel- und Gurkensalat* ... Die beste Wahl an einem ausklingenden Wochenende ...

www.mainnizza.de

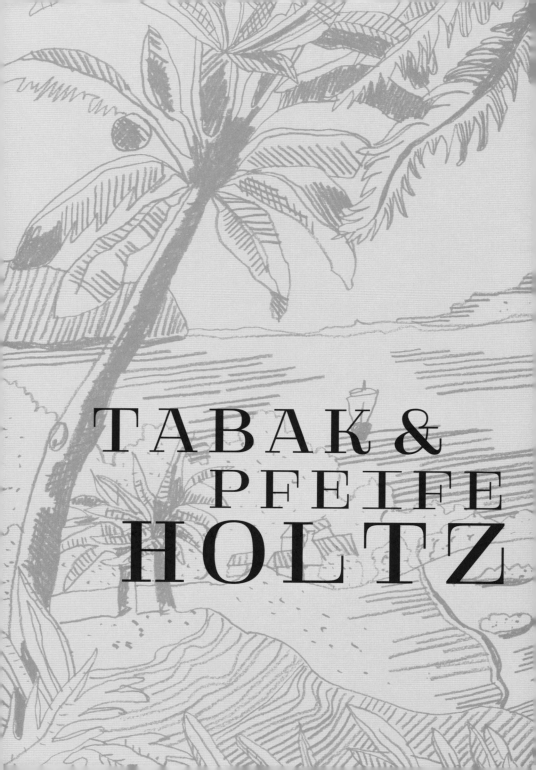

TABAK & PFEIFE HOLTZ

06

TABAK & PFEIFE HOLTZ ist Kai Presser, Zigarrenspezialist in der Galerie Fressgasse im Westend. In der kleinen, aber feinen Galerie führt er Zigarren aus Cuba, der Dominikanischen Republik, Nicaragua und Honduras in seinem Humidor. Neben den gängigen Marken führt er insbesondere auch vier verschiedene Formate der Schweizer Luxusmarke „Patoro", die in der Dominikanischen Republik gefertigt werden. Außerdem eine große Auswahl an Pfeifen von Crown, DesignBerlin, Dunhill, Ser Jackopo, L'Anatra, Rattray's, Savinelli, Stanwell, Winslow. Und entsprechende hochwertigste Accessoires an Zigarren- und Pfeifenzubehör. Auf eine gute Casa de Torres ...

www.tabak-holtz.com

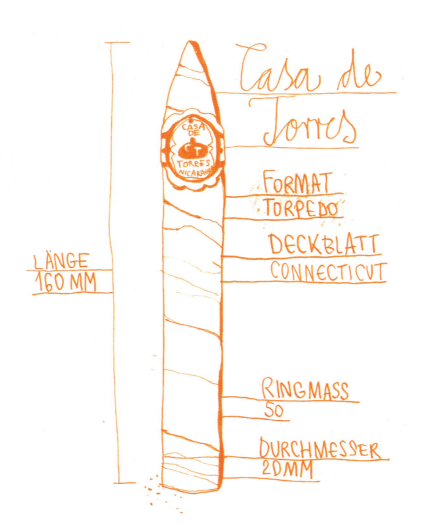

02 wester

1/ palmengarten
2/ villa leonhardi
3/ botanischer garten
4/ grüneburgpark
5/ alte kanzlei

adressen

1/
PALMENGARTEN FRANKFURT
Siesmayerstraße 61
60323 Frankfurt am Main
—
www.palmengarten.de

2/
VILLA LEONHARDI
Zeppelinallee 18
60325 Frankfurt am Main
—
www.villa-leonhardi.de

3/
BOTANISCHER GARTEN
Siesmayerstraße 72
60323 Frankfurt am Main
—
www.botanischergarten-frankfurt.de

4/
GRÜNEBURGPARK
August-Siebert-Straße
60323 Frankfurt am Main
—
www.frankfurt.de: Grüneburgpark

5/
ALTE KANZLEI

Niedenau 50
60325 Frankfurt am Main
—
www.altekanzlei.eu/

02 westend

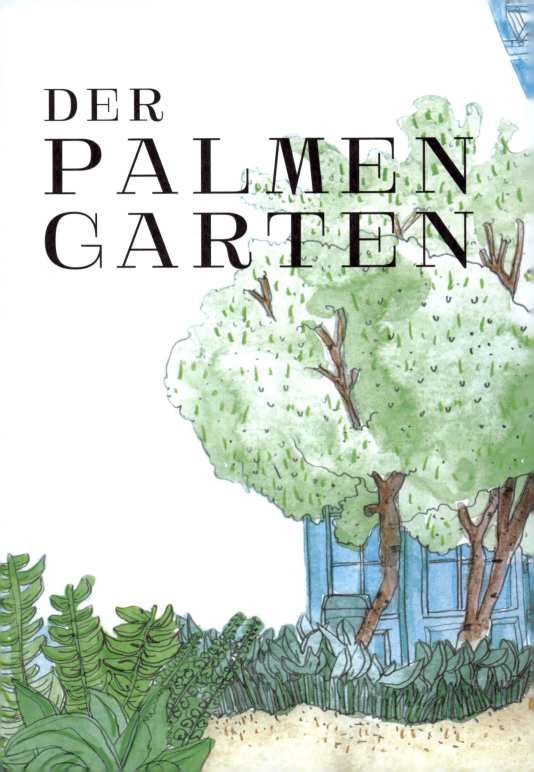

01

DER PALMENGARTEN ist für die Frankfurter ihre Wohlfühloase, für Touristen ein Pflichtbesuch. Sein Glaspalast und das Palmenhaus sind eines der letzten noch erhaltenen historischen Gewächshäuser der Welt. 20 ha umfasst die Parkanlage mit Themengärten, Schauhäusern, wie das historische Palmenhaus oder das Tropicarium. Im Palmengarten finden kostenlose Sonntagsführungen zu den unterschiedlichsten Themen statt. Zum Entspannen ein einzigartiger Ort ...

www.palmengarten.de

VILLA LEONHARDI Die Gartenvilla der Kaufmannsfamilie Leonhardi ist eine romantische Location. Nach mehreren Pächterwechseln wird es nun vom Frankfurter Verein mit der Transfer-Werkstatt als Café betrieben. Die Transfer-Werkstatt ist eine Integrationseinrichtung. Eingang ist ausschließlich über den Palmengarten. Zur Zeit werden Café und Kuchen sowie belegte Brötchen angeboten. Die prächtige Villa kann aber auch für Familienfeiern und Hochzeiten gemietet werden.

www.villa-leonhardi.de

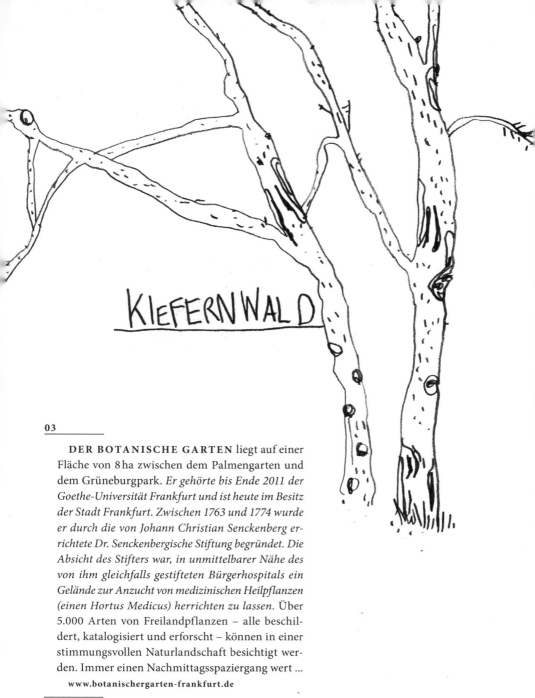

03

DER BOTANISCHE GARTEN liegt auf einer Fläche von 8 ha zwischen dem Palmengarten und dem Grüneburgpark. *Er gehörte bis Ende 2011 der Goethe-Universität Frankfurt und ist heute im Besitz der Stadt Frankfurt. Zwischen 1763 und 1774 wurde er durch die von Johann Christian Senckenberg errichtete Dr. Senckenbergische Stiftung begründet. Die Absicht des Stifters war, in unmittelbarer Nähe des von ihm gleichfalls gestifteten Bürgerhospitals ein Gelände zur Anzucht von medizinischen Heilpflanzen (einen Hortus Medicus) herrichten zu lassen.* Über 5.000 Arten von Freilandpflanzen – alle beschildert, katalogisiert und erforscht – können in einer stimmungsvollen Naturlandschaft besichtigt werden. Immer einen Nachmittagsspaziergang wert …

www.botanischergarten-frankfurt.de

DER GRÜNEBURG PARK

04

DER GRÜNEBURGPARK ist eine malerische Kulisse mit weitläufigen Wiesen und mächtigen, teils exotischen Bäumen und Baumgruppen, von denen viele weit über hundert Jahre alt sind. Die 29 Hektar große Parkanlage befindet sich im Frankfurter Stadtteil Westend. Hier treffen sich Studenten, Familien, Jogger und Sonnenanbeter. Ein jährliches Event sind die Abifeiern der Frankfurter Schüler nach den schriftlichen Prüfungen. Der Grüneburgpark ist die größte Parkanlage innerhalb des Frankfurter Alleenrings und für einen Spaziergang, zum Chillen oder auch Picknicken sehr zu empfehlen ...

www.frankfurt.de: Grüneburgpark

die alte kanzlei

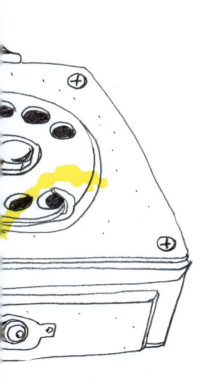

05

DIE ALTE KANZLEI befindet sich in einem traditionsreichen und geschichtsträchtigen Gebäude, welches namensgebend in früheren Zeiten tatsächlich eine Kanzlei beherbergte. *So findet man noch heute in den Räumlichkeiten der Alten Kanzlei eine wertvolle und umfassende Bibliothek mit zahlreichen Büchern und Raritäten aus der Zeit zwischen 1760 und 1800.* Heute liegt die Federführung in der ehemaligen *Amtsstube* selbstverständlich beim Chefkoch des Teams, Riitano Agazio, der auch schon seit mittlerweile mehr als 30 Jahren in Deutschland als Gastronom tätig ist. Eine kleine, feine Karte mit ausgelesenen Weinen, ein aussergewöhnlicher Service, Bella Italia. Mein Lieblingsitaliener im Westend ...

www.altekanzlei.eu

03
norae

1/ Hoppenworth & Ploch
2/ braustil
3/ Fischhaus Ohrmann

adressen

1/
HOPPENWORTH & PLOCH
Siolistraße 7 / Friedberger Landstr. 86
60323 / 60316 Frankfurt am Main

—

www.hoppenworth-ploch.de

2/
BRAUSTIL

Oeder Weg 57
60318 Frankfurt am Main

—

www.braustil.de

3/
FISCHHAUS OHRMANN
Oeder Weg 71
60318 Frankfurt am Main

—

www.fischhaus-ohrmann.com

03
nordend

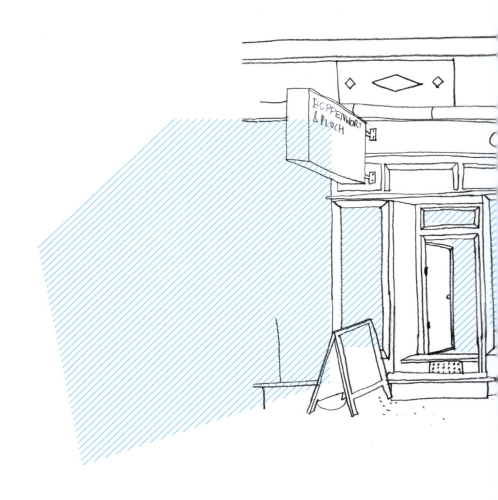

HOPPENWORTH
& PLOCH

01

HOPPENWORTH & PLOCH ist eine großartige Kafeerösterei im Nordend und am Uni Campus im Westend. Sie rösten handwerklich, suchen Kaffees von Farmern aus, die ihrerseits viel Handarbeit in die Kaffees fließen lassen – und das schmeckt man. Seit Dezember 2008 betreiben sie ein Café im Studentenwohnheim „Sioli 7" auf dem Uni Campus Westend. Einst als kühnes studentisches Projekt gestartet, hat es sich zu einer Institution auf dem Campus entwickelt. Braunes Gold, ganz wunderbar …

www.hoppenworth-ploch.de

braust

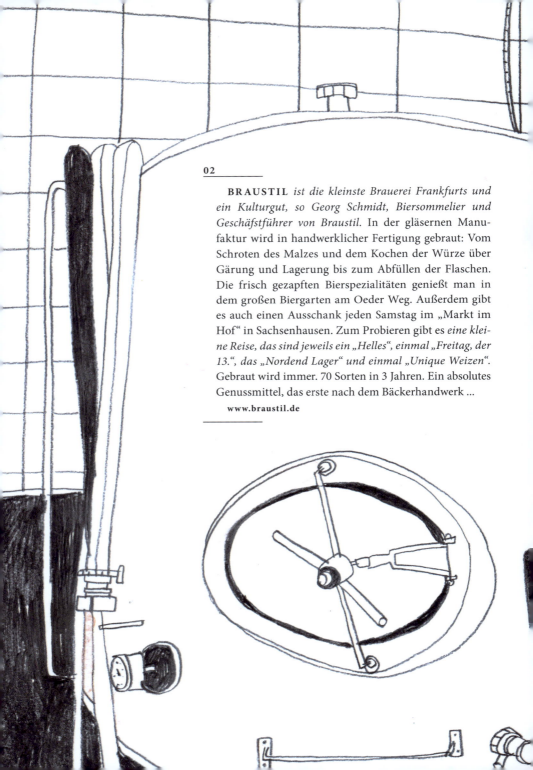

02

BRAUSTIL ist die kleinste Brauerei Frankfurts und ein Kulturgut, so Georg Schmidt, Biersommelier und Geschäftsführer von Braustil. In der gläsernen Manufaktur wird in handwerklicher Fertigung gebraut: Vom Schroten des Malzes und dem Kochen der Würze über Gärung und Lagerung bis zum Abfüllen der Flaschen. Die frisch gezapften Bierspezialitäten genießt man in dem großen Biergarten am Oeder Weg. Außerdem gibt es auch einen Ausschank jeden Samstag im „Markt im Hof" in Sachsenhausen. Zum Probieren gibt es *eine kleine Reise*, das sind jeweils ein „Helles", einmal „Freitag, der 13.", das „Nordend Lager" und einmal „Unique Weizen". Gebraut wird immer. 70 Sorten in 3 Jahren. Ein absolutes Genussmittel, das erste nach dem Bäckerhandwerk ...

www.braustil.de

FISCHHAUS OHRMANN

03

FISCHHAUS OHRMANN ist ein traditionelles Familienunternehmen im Oeder Weg und hat sich *seit fast 50 Jahren auf den Fisch spezialisiert*. Eröffnet und gegründet wurde das erste Fischgeschäft mit eigenen Räuchereien und einer kleinen Fischzucht von *Julius und Martha Ohrmann in Brandenburg*. Seit den 60er-Jahren hat sich das Fischgeschäft im Frankfurter Nordend angesiedelt. Ein liebevoll eingerichtetes Ladengeschäft erinnert an große Reisen, Schiffen, Fernweh und – viel Fisch – !

www.fischhaus-ohrmann.com

04 sachsen

hausen

1/ villa kennedy
2/ anzani
3/ markt im hof
4/ emma metzler
5/ liebieghaus
6/ staedel museum

adressen

1/
VILLA KENNEDY
Kennedyallee 70
60596 Frankfurt am Main
—
www.villakennedy.com

2/
ANZANI
Brückenstraße 50
60594 Frankfurt am Main
—
www.anzanicapelli.de

3/
MARKT IM HOF
Wallstraße 9-13
60594 Frankfurt am Main
—
www.marktimhof.de

4/
EMMA METZLER
Schaumainkai 17
60594 Frankfurt am Main
—
www.emmametzler.de

5/
LIEBIEGHAUS
Schaumainkai 71
60596 Frankfurt am Main
—
www.liebieghaus.de

6/
STÄDEL MUSEUM
Schaumainkai 63
60596 Frankfurt am Main
—
www.staedelmuseum.de

04 sachsenhausen

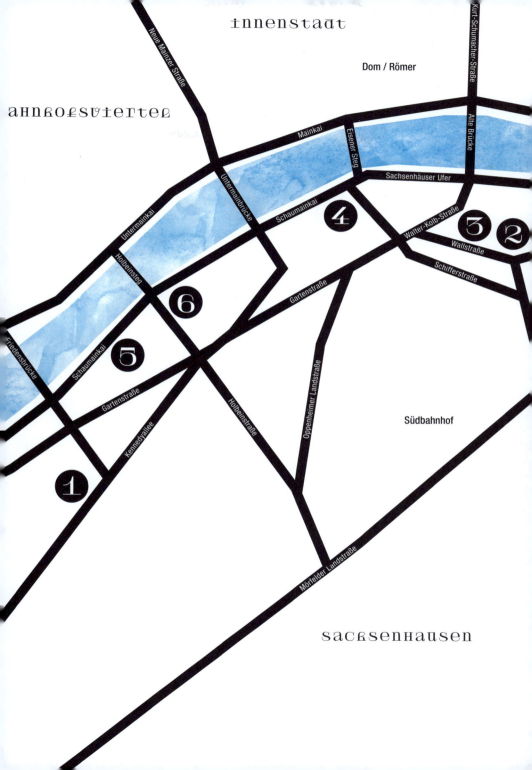

VILLA KENNEDY

Ein Rückzugsort der Entspannung
Eine mediterrane Oase fern von der Großstadthektik

01

DIE VILLA KENNEDY ist das erste von drei Rocco Forte Hotels in Deutschland und liegt an der Frankfurter Kennedyallee am südlichen Ufer des Mains. *Zentrum des 5 Sterne Superior Hotels ist die Villa Speyer, die 1901 als Residenz einer Frankfurter Bankiersfamilie erbaut wurde und heute als wahre Oase in der pulsierenden Finanzmetropole gilt.* Zusammen mit den neuen Anbauten umfasst die Villa Kennedy 163 Zimmer, inklusive 36 Suiten, das italienische Restaurant Gusto und die JFK Bar sowie einen 1.000 m² großen Wellnessbereich. Darüber hinaus verfügt das Hotel über Veranstaltungsräume für bis zu 320 Personen, ausgestattet mit neuester Technologie, sowie eine öffentliche Tiefgarage mit Stellplätzen für Hotelgäste.

www.villakennedy.com

ANZANI ist mein Lieblings-Friseur in Sachsenhausen. Mit großer Leidenschaft und Freude gibt es ihn seit über 20 Jahren mit dem Credo: *Jede Frisur ist so individuell wie der Mensch, der sie trägt.* Mit einem ebenso motivierten wie hervorragend ausgebildetem „fast" italienischen Team um Roberto Anzani werden individuelle Styling- und Cappuccino-Wünsche in entspannter und familiärer Atmosphäre erfüllt. Typgerechtes Styling, maßgeschneiderte Schnitte und die modernen Techniken der Coloration bilden die Basis ihrer professionellen Arbeit, bei der der Kunde im absoluten Mittelpunkt steht.

www.anzanicapelli.de

ANZANI

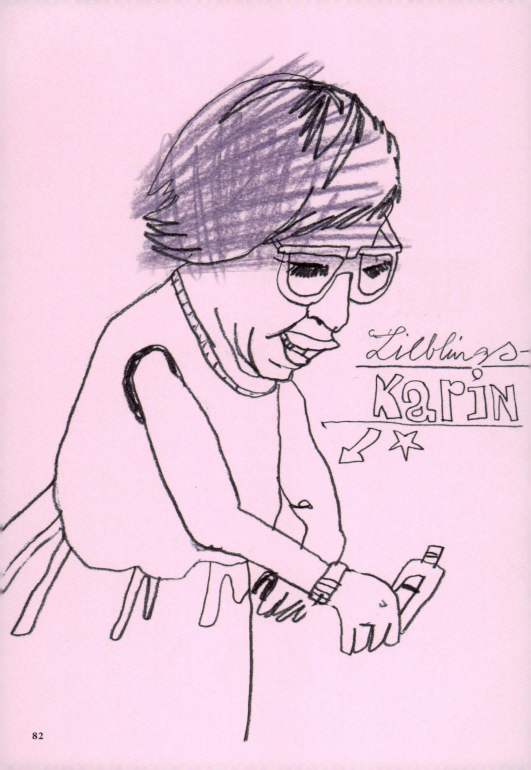

MARKT im HOF
Brückenviertel

03

MARKT IM HOF Auf dem Grundstück des Marktes war schon vielerlei untergebracht: Ein Fuhrunternehmen mit Stallungen für Pferde, eine Autowerkstatt, diverse Getränkemärkte und die Apfelweinhandlung Apfelweinkontor, mit ihren mehrfach prämierten handgemachten Apfelweinen. *Als im September 2013 der Getränkemarkt auszog, fingen die Ideen an zu fliegen: Was tun, um die Lücke mit etwas Besonderem zu füllen? Mit etwas, das das schöne und lebendige Brückenviertel wirklich bereichert?*

Gemeinsam mit Gewerbetreibenden aus der Nachbarschaft wurde ein Foodmarket ins Leben gerufen, der neben äthiopischen, vietnamesischen, indischen, französischen, ja sogar syrischen Spezialitäten, lokalen Anbietern Platz bietet, wie der Apfelweinhandlung, einem Käse-Affineur, einem Bio-Bäcker, einer Marmeladen-Macherin und einer Mikro-Brauerei. Authentisches internationales Street-Food, typisch Frankfurt, typisch Multi-Kulti ...

www.marktimhof.de

04

EMMA METZLER Das Restaurant befindet sich inmitten des wunderbaren Metzler Parks direkt am Museum Angewandte Kunst. Dieser Ort ist ein wahrer Kraftort mit seiner großzügigen Terrasse im Grün und der ausgelassen Atmosphäre der Menschen dort. *Herrlich unaufgeregt und sympathisch. Allen voran Anton de Bruyn mit seinem Sinn für ausgefallene Weine und seine individuelle Bistro-Küche:* Frisches selbstgebackenes Sauerteigbrot mit Schnittlauchbutter und Honig, dazu Süßkartoffelsuppe mit Amaranth und Sauerrahm und einem Glas Weißburgunder vom Pfälzer Weingut Gaul. Ein absoluter Geheimtip!

www.emmametzler.de

saibling
ceylon spinat
indische Butter
Graupensalat

REZEPT VON ANTON

Der Saibling vom Oberurseler Forellengut ist der frischeste in ganz Frankfurt, der Ceylonspinat kommt aus dem Bärengarten in Oberrad (ein soziales Projekt der Stadt Frankfurt), dazu indische Butter aus vielen frischen Curryblättern und weitere Gewürze aus dem Frankfurter Bahnhofsviertel, kombiniert mit Graupen von der Horbacher Mühle im Rheinland.

DAS LIEBIEGHAUS

DAS LIEBIEGHAUS ist eine prachtvolle historische Gründerzeitvilla und beherbergt die Städtische Galerie Liebieghaus, die zu den Museen am Sachsenhäuser Museumsufer zählt. Umgeben von einem der schönsten Gärten Frankfurts beheimatet das Liebieghaus eine hochkarätige Sammlung von rund 3.000 Skulpturen aus der Zeit vom Alten Ägypten bis zum Klassizismus. *Der böhmische Textilfabrikant Heinrich Baron von Liebieg (1839–1904) verkaufte der Stadt Frankfurt seine in den 1890er-Jahren erbaute Villa am Schaumainkai zu einem Vorzugspreis unter der Bedingung, hier „auf ewige Zeiten ein öffentliches Kunstmuseum" einzurichten.* Nur zwei Jahre nach Gründung des städtischen Skulpturenmuseums wurde es 1909 in der um einen Galerietrakt erweiterten Villa eröffnet.

DAS CAFÉ IM LIEBIEGHAUS ist eine Oase zum Verweilen und Innehalten: Vor der herrlich historischen Kulisse der Villa Liebieghaus, bei wunderbarem Sonnenschein, selbstgebackenem Käsekuchen und einer entspannenden Ruhe. Einmalig und ganz zauberhaft!

www.liebieghaus.de

Das Liebieghaus ist eines der intimsten Museen in Frankfurt. Ein Juwel.

DR. PHILIPP DEMANDT,
Direktor des Städel Museums, der Schirn Kunsthalle und der Liebieghaus Skulpturensammlung

DAS STÄDEL MUSEUM

DAS STÄDEL MUSEUM wurde *1815 als bürgerliche Stiftung von dem Bankier und Kaufmann Johann Friedrich Städel gegründet* und gilt als die älteste und renommierteste Museumsstiftung in Deutschland. Unter einem Dach bietet die Sammlung des Städels einen nahezu lückenlosen Überblick über 700 Jahre europäische Kunstgeschichte – vom frühen 14. Jahrhundert über die Renaissance, den Barock und die klassische Moderne bis in die unmittelbare Gegenwart.

DER STÄDELGARTEN ist einer meiner ganz persönlichen Lieblings- und Geheimorte am südlichen Mainufer! Der Erweiterungsbau des Städels, eine lichtdurchflutete, moderne Ausstellungshalle – *das neue Städel* –, wurde 2012 fertiggestellt und enthält den Sammlungsbereich Gegenwartskunst. Dieser Wunderort mit seiner Großzügigkeit und seinem satten Grün, umrandet von historischen Gebäuden und künstlerischer Energie, ist ein absoluter Ruhegenuss und Ort der Erholung.

www.staedelmuseum.de

05
ost_we

st

1/ponton lilu
2/lindenberg hotel
3/libertine
   lindenberg
4/skatepark osthafen
5/gerbermühle
6/caffè due mani
7/goetheturm

adressen

1/
PONTON LILU

Niederräder Ufer 10
60528 Frankfurt am Main
—
www.lilu-frankfurt.de

2/
LINDENBERG HOTEL

Gutleutstraße 175
60327 Frankfurt an Main
—
www.das-lindenberg.de

3/
LIBERTINE LINDENBERG

Frankensteiner Straße 20
60594 Frankfurt am Main
—
www.das-lindenberg.de

4/
SKATEPARK OSTHAFEN

Mayfarthstraße
60314 Frankfurt am Main
—
www.skatepark-osthafen.blogspot.de

5/
GERBERMÜHLE

Gerbermühlstraße 105
60594 Frankfurt am Main
—
www.gerbermuehle.de

6/
CAFFÈ DUE MANIE

Anton-Radl-Pfad 3
60599 Frankfurt am Main
—
www.caffeduemani.com

7/
GOETHETURM

Sachsenhäuser Landwehrweg
60599 Frankfurt am Main
—
www.frankfurt.de: Goetheturm

05 ost _ west

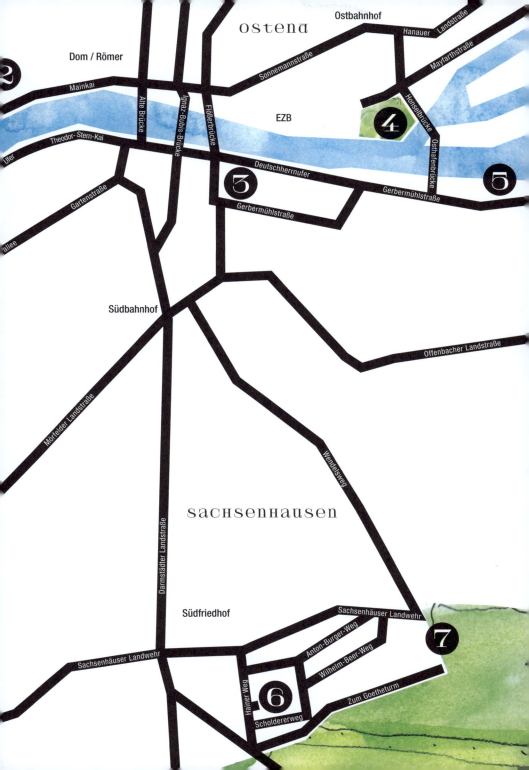

PONT LILU

01

PONTON LILU ist ein Idyll in Frankfurt auf einer schmalen Landzunge gelegen. Am Rande der Frankfurter Innenstadt ist es ein einzigartiges urbanes Biotop am Niederräder Mainufer, ein Rückzugsraum ohne Kommerz und ein Ort mit Frankfurter Zeitgeschichte und Badekultur. *Im Mai 2003 wurde das Bad nach Renovierungsarbeiten unter dem alten Namen für die Öffentlichkeit neu eröffnet. Ein Augenschmaus ist der stählerne Ponton auf der Mitte der west-östlichen Ausdehnung der Halbinsel – 19 m Länge und 5,5 m Breite –, in dem sich das Café befindet.* Eine Insel der Erholung ...

www.lilu-frankfurt.de

ab wasserstand 4,70m am pegel f-osthafen schwimmt der ponton

das Lindenberg Hotel

02

DAS HOTEL LINDENBERG ist weder Hotel noch Wohngemeinschaft. *„Wohnen, wo man sich zuhause fühlt", so Eva Kösling, die Geschäftsführerin vom Hotel Lindenberg und Gesicht des Hauses.* Das Hotel lädt ein zum zeitlosen Bleiben. Übernachtungsgäste sind genauso willkommen wie Gäste, die für wenige Tage, Wochen, Monate oder gar Jahre ein zweites Zuhause suchen. Ein Juwel für Frankfurt: charmant, elegant, einzigartig!

www.das-lindenberg.de

… ein gemeinsamer (Raum.)
Ein Ort zum (Eintauchen,)
(Einatmen,) Zusammensein
oder Zurückziehen.
Ein feiner Grad zwischen
Geselligkeit und (Intimität.)
Das Zusammenleben mit
Gleichgesinnten per Knopf-
druck, ein- oder ausschalten…

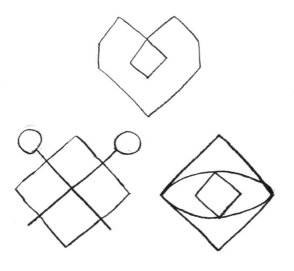

Liberti
Lindenb

03

DIE LIBERTINE LINDENBERG begeistert auch auf der anderen Seite des Mains und glaubt fest daran, dass man sich ungeniert verlieben soll. *„Libertine Lindenberg ist eine alte Dame, freiheitsliebend und heiter, mit skurrilen Vorlieben und einer wilden und dunklen Vergangenheit. Sie bleibt zwar nur ein fiktiver Charakter, doch eine solche Person muss es in Alt-Sachsenhausen bestimmt einmal gegeben haben"*, beschreibt Denise Omurca, die Geschäftsführerin. In dem außergewöhnlichen Hotelprojekt finden Gäste ein liebliches Refugium von Ein- bis Dreizimmersuiten inmitten Alt-Sachsenhausen mit Blick auf das Frankfurter Hochhausmeer. Ganz zauberhaft eingerichtet, moderne, sehr detailverliebte Inneneinrichtung, kunstvoll inszeniert. Immer einen Besuch wert, nicht nur für Touristen ...

www.das-lindenberg.de

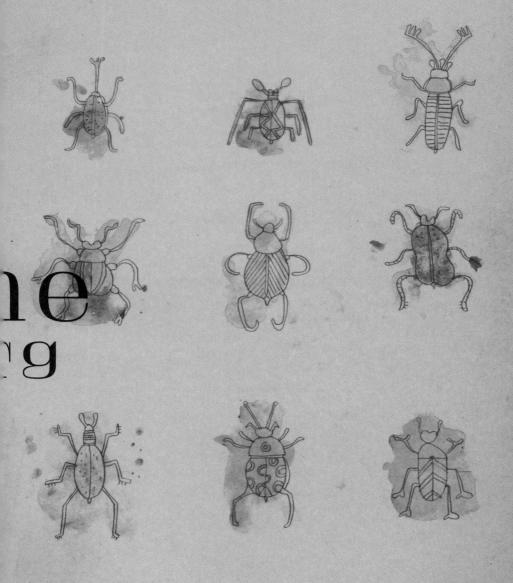

- Kochlandschaft
- Lekker Lädchen
- Trites
- Lotte – Recording St
- Drahtesel
- Laundry

04

DER SKATEPARK OSTHAFEN liegt direkt am Mainufer vor der eindrucksvollen Kulisse der Europäischen Zentralbank und der neuen Osthafenbrücke. 2012 wurde der Skate- und BMX-Park eingeweiht und ist mit seiner 5.500 m² großen Anlage besonders attraktiv – auch mit der Einbindung in die Parklandschaft am Hafenpark.

www.skatepark-osthafen.blogspot.de

05

DIE GERBERMÜHLE Im 14. Jahrhundert wurde am linken Mainufer in Frankfurt Oberrad ein Lehngut erbaut, im 16. Jahrhundert errichtete man eine Getreidemühle, und im 19. Jahrhundert wurde das Gebäude als Gerberei genutzt. Diese ehemaligen Funktionen des einstigen Lehnguts gaben ihm den Namen Gerbermühle, der bis heute erhalten geblieben ist. *Seine historische Bedeutung erhielt das Gebäude jedoch erst durch den Frankfurter Bankier Johann Jakob von Willemer, der die Gerbermühle im Jahre 1785 als privaten Sommersitz gepachtet und umgebaut hat. Willemer, der mit Goethe befreundet war, lud diesen erstmals im Jahre 1814 zu einem Besuch ein, bei dem Goethe die Bekanntschaft mit Marianne, der Ziehtochter Willemers, machte.* Nachdem sie die Mühle mangels Pächter viele Jahre hatte verfallen lassen, sanierte die Stadt Frankfurt sie ab 1904 schließlich doch noch und nutzte sie als Bewirtungsbetrieb mit einem „Goethezimmer". Seither ist die Gerbermühle wieder ein beliebtes Ausflugsziel und kleines und edles Hotel (Member of Design Hotels™), das zum Erholen und Verweilen einlädt. Auf einer Gedenktafel steht geschrieben: *„Die Mühle ruht, das Rad schlief ein, Sein Name nur geht in dem Haus. Der jede Stätte ewigte, Die er betrat: So wardst du sein."*

www.gerbermuehle.de

caffè
DUEMANI

ESPRSSO

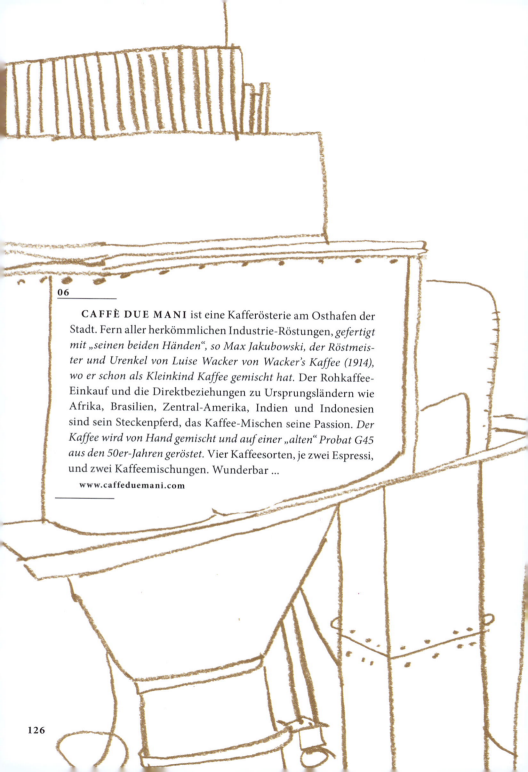

06

CAFFÈ DUE MANI ist eine Kafferösterie am Osthafen der Stadt. Fern aller herkömmlichen Industrie-Röstungen, *gefertigt mit „seinen beiden Händen", so Max Jakubowski, der Röstmeister und Urenkel von Luise Wacker von Wacker's Kaffee (1914), wo er schon als Kleinkind Kaffee gemischt hat.* Der Rohkaffee-Einkauf und die Direktbeziehungen zu Ursprungsländern wie Afrika, Brasilien, Zentral-Amerika, Indien und Indonesien sind sein Steckenpferd, das Kaffee-Mischen seine Passion. *Der Kaffee wird von Hand gemischt und auf einer „alten" Probat G45 aus den 50er-Jahren geröstet.* Vier Kaffeesorten, je zwei Espressi, und zwei Kaffeemischungen. Wunderbar …

www.caffeduemani.com

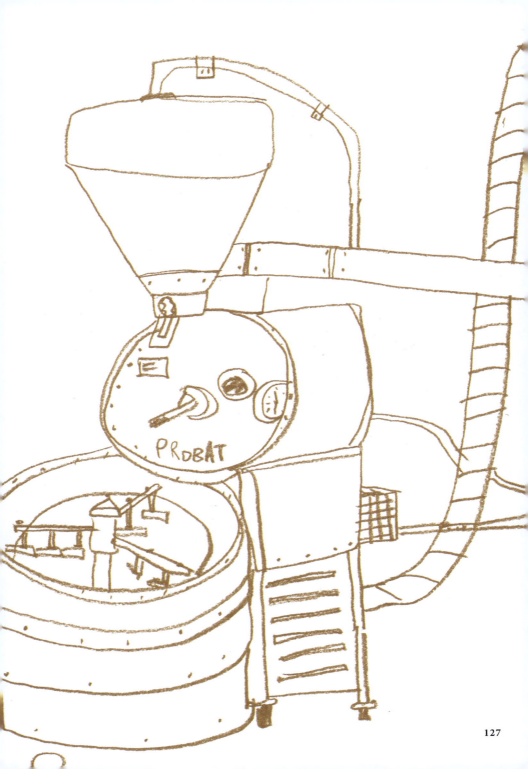

DER GOETHE TURM

196 Stufen

43,3 Meter

1931 Bau

07

DER GOETHETURM ist ein vollständig aus Holz gebauter, 43,3 Meter hoher Aussichtsturm am nördlichen Rand des Frankfurter Stadtwaldes in Frankfurt-Sachsenhausen. Er war bis 1999, als er vom Jahrtausendturm in Magdeburg abgelöst wurde, der höchste öffentlich zugängliche Holzbau Deutschlands. *1931 ließ ihn Forstamtsleiter Jacobi errichten.* Der Aufstieg lohnt sich. Nach den 196 Studen genießt man eine herrliche Aussicht auf den Frankfurter GrünGürtel und die Skyline.

www.frankfurt.de: Goetheturm

Ingeborg Schindler

ist Designerin und Illustratorin mit ihrem Studio in Frankfurt am Main. Florenz, Büssel, Paris, Hamburg und Berlin zählen zu ihren bisherigen Wohn- und Arbeitsorten. Ihre Illustrationen entstammen den alltäglichen kulturellen und kulinarischen Erfahrungen, die sie im Laufe ihrer Auslandsaufenthalte sammelte. Ebenso zählen Maler wie Francis Bacon, Hieronymus Bosch und Cy Twombly und Filmemacher wie Wes Anderson, Jim Jarmusch und Roy Andersson mit ihren farbenfrohen Welten zu Ihren Inspirationsquellen. Naiv-realistisch, manchmal perspektivisch „falsch" ergeben ihre Linien genau diesen ungesehenen Strich: Edgy, sophisticated, francophil!

www.studio-ingeborgschindler.com, www.behance.net/ingeborgschindler

Ingeborg Schindler
Frankfurt – Illustrierte Lieblingsorte
Mein Notizbuch

ISBN 978-3-943407-89-1

© 2017 Henrich Editionen,
ein Unternehmen der Henrich Druck + Medien GmbH, Frankfurt am Main

Alle Rechte vorbehalten.
Das Werk einschließlich seiner Teile ist urheberrechtlich geschützt. Jede Verwertung außerhalb der engen Grenzen des Urheberrechtsgesetzes ist ohne Zustimmung des Verlages unzulässig und strafbar. Das gilt insbesondere für Kopien, Einspeicherung und Verarbeitung in elektronischen Systemen. Alle Angaben in diesem Buch wurden von der Autorin nach bestem Wissen erstellt und geprüft. Eventuelle Fehler oder Aktualisierungen können gerne dem Verlag gemeldet werden.

Kartengrundlage: openstreetmap.org – alle Angaben ohne Gewähr
Schrift/Typografie: Velvetyne Type Foundry, »Solide Mirage«
Textqellen: Prinz, Wikipedia, Yelp

Illustrationen / Gestaltung / Text:
Studio Ingeborg Schindler, www.studio-ingeborgschindler.com
Karten: Saskia Burghardt, Henrich Druck + Medien GmbH

Gesamtherstellung und Verlag:
Henrich Druck + Medien GmbH, Frankfurt am Main

www.henrich.de